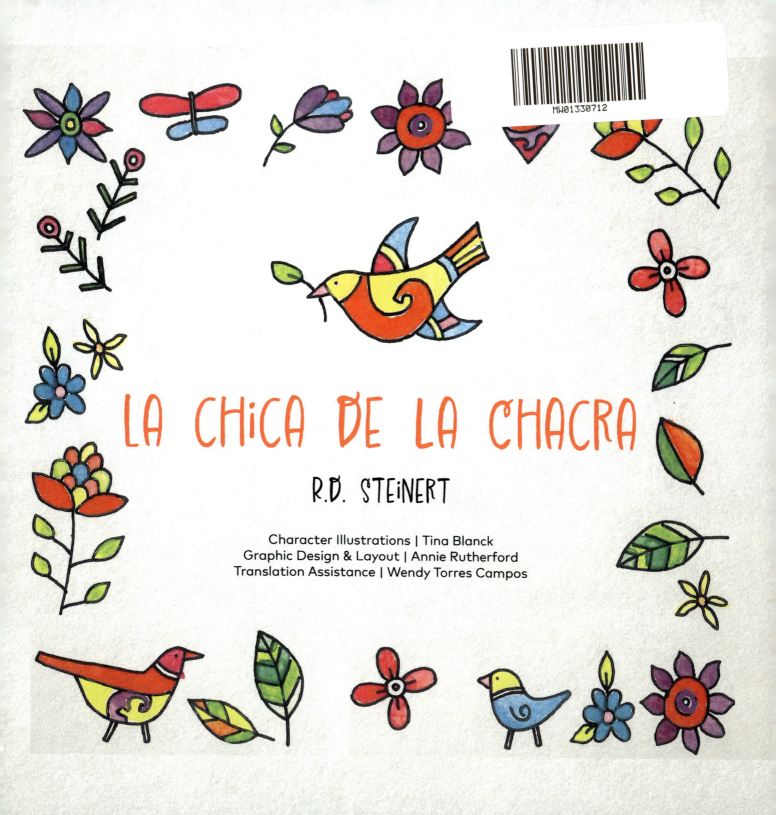

LA CHICA DE LA CHACRA

R.D. STEINERT

Character Illustrations | Tina Blanck
Graphic Design & Layout | Annie Rutherford
Translation Assistance | Wendy Torres Campos

Visitation Catholic Parish

Visitation Catholic Parish in Kansas City, MO, USA has walked hand in hand with the people of La Chacra since forming a sister parish relationship with their local parish, Santa Maria Madre de los Pobres in 1988. The learning, love and respect that has grown from the relationship has nourished both communities.

Santa Maria Madre de los Pobres

La parroquia Santa María Madre de los Pobres, ubicada en la comunidad de La Chacra en El Salvador, ha caminado de la mano con la gente de la Parroquia de Visitación en Kansas City en USA, desde que establecieron una relación de hermandad en 1988. El aprendizaje, el amor y el respeto que ha crecido entre ellas. Este hermanamiento ha nutrido a ambas comunidades.

La Chica de La Chacra
she is small and very pretty

La Chica de La Chacra
ella es pequeña y muy bonita

Alaia's hair sparkles in the sun
and her smile is even brighter

El cabello de Alaia brilla bajo el sol
y su sonrisa es más brillante

Her Mama sells delicious pupusas
at the front door of her home

Su mamá vende pupusas deliciosas
en la puerta de su casa

Her Grandpa makes deliveries
on his fancy motorcycle

Su abuelo hace entregas a domicilio
en su moto de lujo

Her brother plays soccer
in the street with his friends

Su hermano juega futbol
en la calle con sus amigos

They all live in a small house
filled with each other and lots of love

Todos viven juntos en una casa pequeña
y llena de amor de los unos a los otros

Maria, Alaia's friend, lives with her grandma
by the train tracks and raises chickens

Maria, la amiga de Alaia, vive junto a su abuela
por las linea del tren y crían pollitos

La Chacra has many different families
each hard working and full of love

La Chacra tiene muchas familias diferentes
cada una trabajadora y llena de amor

Their streets are filled with houses
painted many joyful colors

Sus calles están llenas de casas
pintadas con muchos colores alegres

Alaia goes to the parish school
studies math and loves to dance

Alaia va a la escuela parroquial
estudia matematicas y le encanta bailar

Her toes may dance, but her burden is not light.
With help from family and Saint Oscar Romero,
her future is now bright

Sus pies pueden bailar, aunque su carga no es ligera.
Con la ayuda de la familia y San Oscar Romero,
Ahora su futuro es brillante

R.D. Steinert

RD "Bob" Steinert has been engaged for more than a decade helping the families of La Chacra in El Salvador. Every day these families face incredible challenges from drugs, crime and gangs, to water born illnesses, lack of economic opportunity, and families divided across borders trying to support themselves. Over the years he has walked side by side with them and they have both learned so much from each other in the togetherness.

🌐 rdsauthor.com

El Salvador

The Republic of El Salvador is the smallest country in Central America and is located between Guatemala and Honduras on the Pacific coast. It is the only country in the area without a Caribbean coastline. It is a mountainous country and includes several dormant volcanoes. As a tropical country, it is very warm all year round.

La República de El Salvador es el país más pequeño de Centroamérica y está ubicado entre Guatemala y Honduras en la costa del Pacífico. Es el único país de la zona sin costa caribeña. Es un país montañoso e incluye varios volcanes inactivos. Al ser un país tropical, hace mucho calor durante todo el año.

La Chacra

La Chacra is a small community in El Salvador's capital of San Salvador. This community grew quickly during the civil war from 1980 - 1992. Families fled the violence of the countryside for the cities. In La Chacra they settled on a hilly piece of land near the center of the city. The community has faced many challenges, but have faced them together and with love.

La Chacra es una pequeña comunidad en la capital de El Salvador, San Salvador. Esta comunidad creció rapidamente durante la guerra civil de los años 1980 y 1992. Las familias huyeron de la violencia del campo hacia las ciudades. En La Chacra se asentaron en un terreno montañoso cerca del centro de la ciudad. La comunidad ha enfrentado muchos desafíos, pero los han enfrentado juntos y con amor.

Made in the USA
Middletown, DE
24 January 2025

70116701R00015